하늘이 파래서 흰색을 골랐습니다

하늘이 파래서

흰색을 골랐습니다

호메로스

천진난만하게 웃고, 꾸밈없이 기뻐하고
진정으로 화를 내고, 괴로움에 호소하고
슬픔이 차오르면 눈물을 흘리고, 싫은 일은 싫다고 하며
도움이 필요할 때는 도와달라고 소리 지르는….
일상 속의 아주 당연한 일들.

그런 당연한 감정을 당연하게 드러내지 못하는 아이들이 있습니다.
울적한 감정은 쌓이다 못해 넘쳐서 억누를 수 없을 정도의 압력이 되어 폭발하고
때로는 불행한 범죄를 일으키고 맙니다.

물론 원인은 다양합니다.
아이의 타고난 성향만이 아닙니다.
가정과 학교, 사회 환경 따위가 복잡하게 얽혀 있습니다.
어딘가 어느 하나 도움이 될 만한 무언가가 있었다면

5

이해해 주는 사람이 있었다면
넘치는 감정을 조금씩 토해낼 수 있었다면
어쩌면, 그 범죄는 막을 수 있었을지 모릅니다.
피해자를 만드는 일도 없고, 그들이 범죄자가 되는 일도 없
었겠지요.

이 시집은 나라 소년형무소의 갱생 교육의 일환인
〈사회성 함양 프로그램〉으로 태어난 작품들을 묶은 것입니
다.
57편의 시는 그들의 굳게 닫힌 마음의 문을 아주 조금 열어
주었습니다.

시 같은 걸 거의 써본 적 없는 그들에게는,
잘 써야겠다는 작위적인 마음도 없습니다.
그래서 오히려 태어날 수 있었던 보석 같은 언어들….
마음속에는 이런 순진무구하고 아름다운 생각이 살아 숨쉬고

풍요로운 세계가 펼쳐져 있는 겁니다.

그 틈으로 살짝 엿볼 수 있는 그들의 포근한 마음과 다정함,
고뇌.
그들도 언젠가는, 당연한 마음을 솔직하게 표현할 수 있게
될까요.

당연한 감정을 당연하게 표현할 수 있고
그 마음을 받아 주는 누군가가 있는 것.
이것이 갱생의 첫 걸음입니다.
수형자들의 마음의 소리에 아무쪼록 귀 기울여 주시기 바랍
니다.

차례

하늘이 파래서 흰색을 골랐습니다

구름

하늘이 파래서 흰색을 골랐습니다

A군은 평소에 거의 말이 없는 아이였습니다.
그런 A군이 이 시를 낭독하자마자
마치 둑이 터진 듯 말을 쏟아내기 시작했습니다.
"올해로 어머니가 돌아가신 지 7년이 되었습니다.
어머니는 병원에서 말씀하셨지요.

'힘든 일이 있으면 하늘을 보렴.

거기에 엄마가 있을 테니까'라고요.

그것이 마지막 말이었습니다.

아버지는 몸이 약한 어머니를 매일 때렸습니다.

나는 어려서 아무것도 못하고….”

말끝을 흐리는 A군의 말에 교실의 동료들은 손을 들어

차례차례 자신의 생각을 이야기하기 시작했습니다.

“A군은 어머니에 대한 효심으로 이 시를 쓴 것 같습니다.

어머니를 사랑하니까 이런 시를 쓸 수 있었던 것 같아요.”

“A군의 어머니는 새하얗고 푸근하겠구나 싶었습니다.”

“저는 어머니를 모릅니다. 하지만 이 시를 읽고,

하늘을 보면 나도 어머니와 만날 수 있을 것 같은 기분이 들었

어요.”라고 말한 아이는 그대로 엉엉 울기 시작했습니다.

자신의 시가 모두에게 닿아 마음을 흔들어놓은 것을 느낀 A군.

지금까지는 볼 수 없었던 밝은 표정을 짓고 있었습니다.

단 한 행에 담긴 생각의 깊이. 거기에서 이어지는 마음의 고리.

‘시’로 열린 마음의 문에 내 눈이 뜨이는 느낌이었습니다.

금색

금색은
하늘에 아로새긴 별
금색은
밤, 날개를 펼쳐 날갯짓하는 두루미
금색은
높게 울리는 방울 소리
나는 금색이 가장 좋다

은색

셀 수 없이 많은 색 중에
나는 유난히 은색에 끌린다
은색에는 여러 모습이 보인다
사람의 모습이나 움직임
물건의 형태나 크기
작게 보이기도 하고
크게 보이기도 하고
은색은 보이지 않는 색이기도 하지만
분명히 보이는 색

좋아하는 색

내가 좋아하는 색은
파랑입니다
다음으로 좋아하는 색은
빨강입니다

"무엇을 써야 할지 모르겠으면 좋아하는 색에 대해서 쓰세요."
그렇게 과제를 내자 B군이 제출한 작품입니다.
군더더기 없는 직구.
대체 어떤 말을 해 주어야 할까 망설이고 있자니,
수강생들 중 두 명이 손을 번쩍 들었습니다.
"저는 B군이 좋아하는 색을 하나가 아니라 두 개를 들 수 있
어서 좋았습니다."
"저도요. B군이 좋아하는 색을 두 개나 알려 주어 기쁩니다."
그 말에 나도 모르게 뜨거운 것이 올라왔습니다.
세상에 어떤 어른이, 어떤 선생이
그런 다정한 말을 B군에게 해 줄 수 있을까요.
"B군이 빨강과 파랑을 정말 좋아한다는 것이 잘 전해졌습니다."
동료들의 말 하나하나가 B군에게는 커다란 격려입니다.
평소 그다지 표정이 없는 B군의 얼굴이 스르르 풀리며
웃음꽃이 피었습니다.
이렇게 다정한, 이렇게 소박한 아이들이
어떤 죄를 저지른 것일까.
왜 범죄자가 된 것일까. 그런 생각이 들지 않을 수 없었습니다.

검정

나는 검정이 좋습니다.
남자답고 멋진 색이라고 생각합니다.
검정은 이상한 색입니다.
사람들에게 들키지 않는 색
눈에 보이지 않는 어둠의 색입니다.
조금 외로운 색이구나 싶기도 합니다.
그래도
별 하늘의 검정은 아름답고 외롭지 않습니다.

시 교실의 수강생들은

대부분 세상에서 낙오자가 되어 버린 아이들.

그중에는 부모에게서 방치되고

학교에서 선생님에게도 무시당했던 아이도 있습니다.

먹을 것이 없어 배고픔을 못 이겨 가게에서 물건을 훔치다가

결국 상습적인 도벽으로 형무소에 들어온 경우도 있습니다.

범죄자의 대부분은 이런 사회적 약자입니다.

사람들 눈에 띄지 않아서 마음이 안정되는 어두운 색.

그것은 외로운 색.

그래도 무한의 별이 펼쳐지는 하늘에서는 아름다운 어둠.

검정에 담겨 있는 C군의 중의적인 생각이 들려옵니다.

결코 '마음의 어둠'이라는 한마디로

끝낼 수 있는 세계가 아닙니다.

내가 좋아하는 색

좋아하는 색은 하양, 검정, 옅은 보라.

예를 들어 심플한 하얀 자동차
예를 들어 시크한 검정 오토바이

옅은 보라로 좋아하는 것은 꽃
예쁜 데다 보고 있으면 마음이 차분해지고
힐링이 되니까 좋다

자동차나 오토바이, 사내다운 것에 끌리면서도
소녀와 같이 옅은 보라색의 가련한 꽃을 사랑하는 D군.
나중에 좋아하는 색을 제목으로 나열해 놓고,
왜 좋아하는지를 써 내려간 장편을 2편이나 제출했습니다.
파란색·갈색·핑크색·주황색·녹색·하늘색·황색·오렌지색….
비 색·야경·금색·은색·무지개 색·표범 무늬….
시를 계기로 D군의 마음속에 즐거웠던 기억이 새록새록 떠올라
그것을 색에 빗대어 자꾸 쓰게 되었겠지요.
읽고 있으면 D군의 즐거움이 한 폭의 그림처럼 전해 옵니다.

여름의 방파제

저녁, 남색으로 빛나는 바닷속에서
커다란 물고기가 조그만 물고기를 쫓는 모습을
보았습니다
정어리 무리가 바다의 표면을 파닥파닥
소리를 내며 달아나고 있었습니다

E군은 훤칠하게 키가 크고 얼굴 생김새가 예쁜 청년입니다.
처음 교실에 왔을 때는 겁먹은 새끼고양이나 강아지 같았습니다.
엄마 치마폭에 숨는 어린아이처럼
교관 옆에 찰싹 붙어서 대답할 때마다 교관에게
"이렇게 말해도 될까요?" 하고 몇 번이나 확인하고,
"괜찮아, 네가 생각한 대로 말해 보렴." 하고 몇 차례나 구슬려야 겨우 들릴 만한 목소리로 소심하게 이야기했습니다.

어느 날 그가 낚시를 좋아하고

물고기엔 박사라는 것을 알게 되었습니다.

물고기에 대한 이야기라면

E군도 쉽게 대화에 끼어들 수 있었던 겁니다.

동료들도 점차 물고기나 낚시에 관한 일은

으레 E군에게 묻게 되었습니다.

E군은 자신감을 얻었는지 이윽고 스스로 자리에서 일어나

칠판에 그림을 그리며 모두에게 설명할 수 있을 정도까지 되었

습니다.

그 겁 많고 말을 아끼던 E군이라고는 생각하지 못할 정도로 당

당해졌습니다.

이 시는 바다의 물고기 모습을 실제로 잘 관찰하고 있습니다.

E군이 아니라면 쓸 수 없는 시입니다.

잘하는 게 뭐든 하나만 있으면 됩니다.

칭찬을 받으면 자신감을 갖게 됩니다.

그 작은 자신감이 커다란 세계로 나아가는 문이 됩니다.

꿈

나의 꿈은………

이런 작품, 본 적이 없습니다.

시의 개념을 흔들어 버린 것 같은 느낌입니다.

'꿈은…'이라고 쓴 다음 그대로 다물어 버린 그의 마음.

표현하지 않음으로써 보다 강한 메시지를 제시합니다.

시를 쓴 F군은 중한 죄를 짓고 긴 기간 복역 중입니다.

이 시를 교실에서 낭독하고는,

도저히 쓸 수 없었던 '……' 부분을 스스로 털어놓았습니다.

"저는 경정 선수가 되고 싶습니다.

어린 시절 아버지가 자주 데리고 가 주어서 좋아졌습니다.

시험도 봤지만 떨어지고 말았습니다.

출소하면 다시 시험을 보고 싶습니다."

세상의 바람은 차갑고, 차별도 있고, 나쁜 동료들도 있습니다.

어떤 미래가 F군을 기다리고 있을까요?

따뜻하게 맞아 주는 사회이기를 진심으로 바라 봅니다.

꿈과 희망과 좌절

살아가기 위해서 꿈을 꾼다
아무리 작아도
꿈은 희망을 준다

다만
기억해 두어야 할 일은
꿈이 크면 클수록
이루지 못했을 때
크게 좌절한다는 것

중요한 것은
희망도 좌절도 받아들이는 일
그것이야말로 사는 의미
그것이야말로 나의 스타트 라인

아침이다, 일이다

아침이다, 일이다, 체조다
1초의 부주의 평생 부상
자신의 몸은 자신이 지킨다
더위에 지지 않고
바람에도 지지 않고
혼이 나서 침울해지는 기분에 지지 않고
열심히 살다 보면
어느 날인가 일하는 기쁨 넘쳐서
마지막에는 모두가 큰 부자
그런 일이 가능하려나
언젠가 꿈을 이루고 싶다

형무소에서는 수형자라면 누구든 규칙적인 생활을 합니다.

규칙적인 생활 속에 처음으로 기본적인 생활 습관을 몸에 익혀,

이제까지의 자신을 돌아보게 되기도 합니다.

리듬이 있는 나날이 생활에 활력을 주어 G군처럼

긍정적이 되어 밝은 꿈을 꾸기도 합니다.

G군은 형기를 마치고

기운 넘치는 발걸음으로 문밖 세상으로 나갔습니다.

소프트볼 대회

'매일매일 식사를 마치고
소프트볼 대회 응원 연습을 하는 것도
운동시간을 없애고 응원 연습하는 것도 싫어서
소프트볼 대회에서 지면
더 이상 응원 연습을 안 해도 되겠지.'라고 생각했습니다.

여유 있게 보내고 싶은 식후의 시간.
하지만 형무소에서는 내 마음대로 그러기가 어렵습니다.
모든 일이 철저하게 분 단위로 진행됩니다.
대회에서 지면 점심시간에 응원 연습을 하지 않아도 될 텐데!
입으로 내뱉으면 크게 혼날 것 같은 그 마음도
시에 빗대어 표현하게 되었습니다.
그 직설적인 솔직함이 모두의 공감을 얻어
인기를 모은 작품입니다.

모두 함께 소리 내어 몇 번이고 읽는 동안
점점 소리가 커지더니, 다 읽고 난 다음에는
모두가 후련한 얼굴을 하고 있었습니다.

위생부

내가 되기 전까지…

위생부는 어슬렁거릴 수 있어서 좋겠다~

위생부는 당당하게 말해도 아무도 뭐라 하지 않으니 좋
겠다~

하지만 실제로는…

아저씨와의 거리가 가까워지니까 좋겠지

싫었지만 실컷 혼만 나고

뭐든 위생부에게 얘기하면 된다고 생각하는 녀석도 있고

위생부는 유모가 아니라고

말했지만…

모두의 이름과 수감 번호를 다 외웠을 때

왠지 모르게 기뻤다

'위생부'의 정식 명칭은 '위생계'.
직업 훈련을 위한 공장이나 기숙사의 잡역 담당으로,
뒷마무리부터 세탁까지 무엇이든 해야 합니다.
'아저씨'라고 불리는 교도관과 수형자 사이에서
꽤나 신경을 써야 하는 중간 역할입니다.

이 시는 그 위생부가 된 H군의 투덜거림에 가까운 속마음입니다.
위생계는 한 사람 한 사람에게 붙은 번호를 외워야만 합니다.
2자릿수의 공장 번호와 3~4자릿수의 수감 번호,
합계 5~6자릿수의 숫자가 한 사람에게 붙습니다.
한 공장에서 일하는 약 50명분의 숫자들을 암기해야 합니다.
"굉장하다~ H군, 그걸 전부 외우다니. 나는 못할 것 같아!"
라고 감탄하자
"저도 외워요", "저도 위생부라서 암기할 수 있어요"
여기저기서 자랑하고 싶어하는 목소리들이 들려왔습니다.
하나의 성취감이 그 아이의 기를 살려 주고
인생을 긍정적으로 이끌어 줍니다.

좋아하는 일

내가 좋아하는 일은 공장 같은 데 지붕을 만드는 판금공
일입니다
철골 위를 걷는 스릴도 좋고
경쟁해서 이기는 것도 즐겁습니다
하지만 한여름 지붕 위는 덥고
비가 내릴 때의 번개는 무서웠습니다
밖에서 하는 일은 비가 오면 중지되는데
그것도 좋아하는 점입니다
비닐하우스 만들기도 좋아하는 일입니다
밭 안쪽이라서 비가 내린 다음에는 걷기가 힘듭니다
아무리 큰 곳이라도 이틀이면 끝나기 때문에
여러 곳에 가서 이런저런 사람과 만날 수 있었습니다
이야기하면서 일할 수 있어서 인원이 적었던 것도 좋았
습니다

일본 대학 진학률은 58퍼센트.

대학에 가지 않으면 낙오자로 취급 받는 일도 종종 있습니다.

그러나 대학에 간다고 해서

좋아하는 일을 할 수 있는 것은 아닙니다.

각자가 좋아하는 일을 하며 살아갈 수 있다면

그것보다 좋은 일은 없지 않을까요?

3K*라고 불릴 만한 일은

실은 누구라도 할 수 있는 일이 아닙니다.

지혜와 힘과 숙련이 필요한 일입니다.

좀 더 경의를 표해도 좋은 일이라는 겁니다.

모두가 자긍심을 가지고 일할 수 있는 세상이 되기를!

* 3K: 3D 업종을 뜻하는 일본의 용어

파란 배지

오늘의 하늘은 곱디고운 파랑
이 하늘을 보고 모두는
무엇을 생각하고
무엇을 할까
오늘의 하늘과 같이
내 배지의 색은 파랑
언제까지고 파랑 배지로 있다면
내 기분은 파란 하늘

수형자의 가슴에는 배지가 달려 있습니다.

생활 태도에 따라

검정, 빨강, 파랑, 노랑, 하양으로 격이 올라갑니다.

위쪽으로 갈수록 형무소 내에서 자유가 많아집니다.

이날, I군은 빨강에서 드디어 파랑이 될 수 있었습니다.

I군은 그 사실이 기뻐서 어쩔 줄 모릅니다.

물론 말싸움 같은 문제 행동을 일으키면 바로 내려갑니다.

'언제까지고 파란 배지로 있을 수 있다면'이란 바람은,

싸움을 하고 싶어도 꾹 참는 데 도움이 됩니다.

I군, 힘내, 다음은 노랑이야!

핑계 대지 마

그날 그 한 걸음을 내딛지 않았음을
지금 열심히 살지 못하는 핑계로 대지 마

이제부터는
지금을 살아가는 나로 있고 싶다

교관에게 무리하지 말란 소리를 들은 소년은
부끄러운 듯 머리를 숙였습니다.
격언이나 표어 같은 멋진 말만을 써오는 아이들은
어깨에 힘이 들어가고, 표정도 딱딱하고, 평온하지 않습니다.
완전주의자인데다 불완전한 자신을 참을 수 없어서
마음의 균형을 무너뜨리고 범죄에 이르는 경우도 있습니다.
좀 더 편해져도 괜찮아요.
자신의 약함을 인정한다면 분명 인생은 더 편해집니다.

센 척

나는 때로 센 척을 하며 산다
사실은 너무너무 힘들고 괴로운데….
사실은 주변 사람들에게 응석 부리고 싶은데….
그러나 무엇보다 가장 무서운 건,
주변 사람들에게 휩쓸려서 나 자신을 궁지에 몰아넣는 일
그리고 슬픈 건, 되돌릴 수 없게 되는 일
그러니까 그렇게 되기 전에
내가 약하다는 사실을 인정하며 살아가고 싶다

산다는 것

괴로움

즐거움

슬픔

삶

산다는 것은 살아 있다는 것

언어

언어는 사람과 사람을 잇는다
한마디만으로 밝아지고
한마디만으로 어두워진다
언어는 마법
바르게 사용하면
서로 즐겁고 기분 좋지만
잘못하면
자신도 상대도 상처 받고 슬퍼진다
언어는 어렵다
하지만 매일 사용하는 것
소중히 사용하여
언어와 좀 더 친해지고 싶다

엄마가 없는 외로움을 친구 앞에서 말한 다음부터
그는 달라졌습니다.
언어와 친해지면 자신의 마음을 열고
타인과도 사이가 좋아집니다.
세상과도 잘 지내게 될 것입니다.
당신의 생각, 잘 전해졌답니다, 언어로!

시간

시계를 보면서 늘 생각한다
시간 참 안 가네, 하고
하지만 집중하고 있을 때는 시간이 빨리 간다
반대로 집중력이 떨어지면 시간이 늦게 간다
허둥대면 안 되는 때일수록
시계를 볼 때마다 무언가
빨리빨리 하고 재촉하는 것 같아 당황하고 만다
그런 시간도 잘 이용하면
분명 내 편이 되어 줄 거다

수형자에게 시간은 특별한 의미가 있습니다.

누구든 일각이 여삼추란 생각으로

출소할 날을 기다리고 있습니다.

하지만 형무소에 왔다는 것은

실은 재교육의 기회를 얻었다는 뜻이기도 합니다.

출소까지의 시간은 그저 기다리는 시간이 아닙니다.

깊이 반성하고 삶의 변화를 일구는 귀중한 시간인 것입니다.

더위

올해 여름은 특히 덥다
왜 이렇게 더운 걸까
텔레비전이나 신문에서는 지구온난화라고 떠들지만
그 원인은
우리 한 사람 한 사람인 거겠지

나라 소년형무소는 1908년에 완성된 벽돌로 지은 건물입니다.
'메이지 5대 감옥' 중 하나로, 일본정부의 위신을 세운 웅장하
고 아름다운 건축물입니다.

5대 감옥 중에서 유일하게 남아 있는 귀중한 것이기도 합니다.

벽돌은 모두 당시의 수형자들이 만든 것이지요.

그 운치 있는 벽돌 풍경은 그야말로 아름다움 자체지만

여름은 열을 지녀 밤에도 적외선을 방사하여 오븐이 되고

좁은 방에 여럿이 자다 보니 옆사람의 체열이 너무 원망스럽기
만 합니다.

겨울은 겨울대로 뼛속까지 추위가 스며듭니다.

숙소에는 냉난방도 없어 형무소 생활이 편하진 않습니다.

그런 가운데 J군의 생각은 지구온난화에까지 미치는군요.

사라진 붉은 실

나와 그녀는 붉은 실로 맺어 있었는데
그녀는 자살하고 말았다
무엇 때문에? 왜?
그녀가 밉다
하지만
지금도 좋다
붉은 실은 어디로 가 버린 걸까?
사라진 걸까?
끊어진 걸까?

이 시를 읽었을 때 너무 충격적이라

숨을 쉴 수가 없었습니다.

모든 것을 단어 그대로 받아들이고

조심스럽게 이야기를 들어 보니

'어라? 이건 상상도 조금 섞여 있는 건가?' 하고 느꼈습니다.

그의 마음속에는 어떻게든 이런 식으로 표현해야만 했던

무언가가 있었던 것이겠지요.

그 배후에 복잡하고 힘든 가정환경이 있었습니다.

그 엄청난 무게를 생각하면 한숨이 나옵니다.

그의 미래가 행복하기를 빌지 않고는 배길 수 없었습니다.

살아가는 것

태어나기 위해서는
나의 부모
지금까지의 선조
여러 사람들의 생명이
없었다면
나라고 하는 인간은 없었다
감사하며 열심히 살아가야 한다
그리고…
행복해지고 싶다

"범죄자 주제에 행복해지고 싶다니, 뭔 소리야!"
그렇게 생각하는 사람도 있겠지요.
행복해지고 싶다고 조심스럽게 작은 글자로 쓰여 있던 이 시.
사실 누구든 행복해지기 위해 태어나는 것 아닐까요?
자기 목숨의 중요성을 깨달은 사람이야말로
타인의 목숨도 소중히 다룰 수 있을 겁니다.

망상

머릿속에서 이야기를 생각한다
혼자 조용히 중얼거린다

이야기는 만들어져도 언제나
좋은 결과로는 이어지지 않아 도중에 단념한다
그리고 다시 망상의 세계로
생각이 넘쳐 가끔은 피해망상
… 대체 뭘까

망상은 즐겁지만 조금 허망하다
적당히 하지 않으면
진짜 세계와의 구별이 어려워질까 두렵다

약물의존증이 있었다는 K군은 이 수업에 온 후부터
자신의 망상이나 공상을 노트에 적게 되었습니다.
글로 꺼내어 객관화하는 것으로 마음을 다스릴 수 있게 되어서
등도 꼿꼿해지고 분위기도 꽤나 달라졌습니다.
지금은 그의 인생 상담을 기다리는 사람들이 있을 정도지요.
타인에게 조언을 할 수 있을 만큼 크게 성장하고 있습니다.

고마워요

고마워요 고마워요
생명을 주어서 정말 고마워요
기나긴 인생 살아가다 보면
괴로운 일도 힘든 일도 있겠지요
목숨 끊는 것은 간단하지만
가장 비겁한 일
아무리 힘들지라도 도망치지 않고
앞을 향해 나아가고 싶다

그러니까
지켜봐 주세요 멀리 하늘에서
반드시 꼭 새사람이 되어 보일 테니까

이 생명 다할 때까지
나는 당신들의 아이니까요

불의의 사고로 먼저 떠난 부모님.

갑작스럽게 고아로 남겨져 살려다 보니

죽고 싶기도 했고 안좋은 일을 저지르기도 했습니다.

그 삶이 고스란히 전해지는 시였습니다.

그의 결심, 다짐을 마음을 다해 응원합니다.

마법의 지우개

무엇이든 지울 수 있는 지우개
싫은 일이나
여러 사람에게 못되게 군 일
이런 나를 지울 수 있는 지우개
그런 지우개가 있으면 좋겠다

"그런 게 있을 리 없잖아!" 하고 말할 수도 있겠지요.

L군이라고 그런 걸 모를 리 있겠습니까.

피해자나 피해자의 가족, 자신의 가족까지 상처 입혔다는 것.

지울 수 없는 과거를 짊어지고 살아가야 한다고 생각하기에

소원을 비는 마음으로 중얼거리는 말.

그 무게가 묵직하게 전해져 왔습니다.

속죄

속죄

혹독한 형무소 생활
늘 생각한다
피해자의 마음에 남은 상처

죄송합니다

아무리 뉘우쳐도 끝이 없는
잘못
두 번 다시는

죄송합니다

저지른 사건
살아 있을 날까지
내내 속죄하리라

수치의 말로

나는 풍선 인간
지금 현재 기체를 주입 받고 부풀고 있습니다
하지만 그 기체는 수소라서, 좋은 게 아니라
우울, 권태, 염세관, 르상티망* 같은
유해물질을 많이 포함한 것입니다
주입이 끝나면 결국에는 하늘로 날아올라
검은 까마귀의 부리든 뭐든가에 쪼여 터져 버리겠지요

풍선 인간이 처치 곤란한 건
터져 버린 후에도 주위의 공기를 계속 오염시켜
그 존재가 좀처럼 없어지지 않는다는 겁니다

* 르상티망(ressentiment) : 프랑스어로 약자가 강자에게 품는 질투, 증오, 열
등감이 뒤섞인 감정이란 뜻이다. 철학과 심리학에서는 실존주의 철학자들에
게 특별히 관심 있던 개념.

M군은 어린 시절부터 정서가 메마르고
공감 능력이 결여된 면이 있었습니다.
그러나 철학서를 닥치는 대로 읽는 아이이기도 했습니다.
그래서 더욱 커다란 '기대'를 주입 받았는지도 모릅니다.
이 프로그램에 참가하게 되고 난 후의 어느 날,
자유 시간에 모두와 텔레비전을 보고 있던 M군은, 불현듯
"죽임을 당하는 쪽의 공포를 처음으로 느꼈다."고 했습니다.
그의 마음속에서 무언가를 자각한 것일까요?
거기서부터 진정한 속죄가 시작되는 것이겠지요.
그러나 자각, 자신이 한 일에 직면함으로써
죄의 크기에 전율하여 마음이 부서져 버리는 일도 많다고 합니다.
교관은 그런 일이 일어나지 않도록
항상 주의 깊게 살피고 있습니다.

문자

문자가 오면 텐션이 올라간다
항상 누군가와 함께 있는 기분이 든다
"지금 뭐해?"
이 문장만으로 편지를 보낸다면
바보냐, 하고 생각할지 모르지만
문자라면 보낼 수 있다
정말 이상도 하지~
자기가 생각하는 것을 쉽게 전할 수도 있고
반대로 상대의 생각을 알 수도 있다

하지만 이런 문자가 오면 기가 죽는다
"더 이상 나한테 연락하지 마."

휴대전화는 커뮤니케이션의 형태만이 아니라
그 질마저 바꾸어 버렸습니다.
쉽게 마음을 전할 수 있게 되었지만, 동시에
아주 쉽게 관계를 잘라내 버릴 수도 있습니다.
깊은 인간관계를 쌓지 못한 아이들은 무르고 약한 존재.
남에게 미움 받는 것을 극도로, 늘, 두려워하는 걸 종종 목격합
니다.

지금 느끼는 것

이 평화로운 나라에서 위험한 약에 손을 뻗치거나
천편일률적인 클럽의 천편일률적인 소리에
머리를 흔들어대며 춤추고
이탈하거나 무모하게 여자를 뒤쫓고
어두운 방에서 컴퓨터나 게임에 미치고
위험한 누트로픽*이나 약에는 손을 내밀면서도
정작 세계를 혼자 여행하지도 못하는 마약중독자
몇 년이 지나도 같은 대화, 같은 언동의 그저 마약중독자
이대로는 위험하다

이 좁은 나라의 좁은 형무소에서 좁은 독방 공실에 있으며
마음이 작아지는 것 같은 기분이 드는 나날

하지만
그런 나날 속에서도 행복은 있다
평범한 일상 가운데 있는 행복
눈부시게 파란 하늘을 보고 하찮은 잡담에 웃고

아침의 햇빛, 가족의 다정함
아무것도 아닌 작은 일을 행복이라고 느끼는 행복
지금이 내가 나아갈 때
비관적이고 허황된 생활에 다시 돌아가지 않도록

지금 느끼고 있는 것은 진짜
내추럴하이*로 느끼는 순간 속의 영원

* 누트로픽(nootropic): 인지능력, 기억력, 주의력을 향상시키는 약물. 항우울
  제도 포함됨.
* 내추럴하이(natural high): 마약이나 각성제를 사용하지 않고, 합법적 혹은
  자연스러운 환각 증상을 체험하는 일.

당연한 일

먹을 수 있다
잘 수 있다
걸을 수 있다
아침을 맞이할 수 있다
엄마가 있다
모두가 당연한 일

당연한 일은
당연한 게 아니라는 걸

당연한 것들 속에서 행복을 느끼지 못하고
약을 이용해 거짓 행복을 찾았던 나는
이제 겨우 깨닫게 되었다

당연한 것의 행복
당연한 것이 행복

형무소에는 약물의존증 경험이 있는 이들이 많습니다.
한 소년은 열세 살에 약물을,
또 어떤 소년은 열다섯 살에 각성제를 시작했다고 하여
깜짝 놀랐습니다.
중학생이 어떻게 그런 물건을 손에 넣었던 것일까?
책임은 그들에게만 있는 것이 아닙니다.
그런 사회를 만들어 버린 우리에게도 있는 겁니다.
'거짓 행복'과 '거짓 쾌락'이 넘쳐흐르는 현대,
우리는 '당연한 것의 행복'을
어딘가에 놓고 잊어버렸는지도 모릅니다.

"약을 하고 있을 때만이 내가 나다울 수 있었다.
조각조각이 난 내가 하나가 된 것처럼 느껴졌다."
〈지금 느끼는 것〉을 쓴 N군은 그렇게 말했습니다.
학교나 가정에서의 괴로운 일을 잊기 위해서 약물에
손을 댔다고 합니다.
"하지만 그러던 중에 뭐가 뭔지 알 수 없게 되어 버려서…."

약물에 몸도 마음도 멍들어 버린 N군에게
형무소에 들어온 것은 어떤 의미에서는 구원입니다.
약물을 끊고, 다시 일어서는 계기가 될 거라고 믿습니다.

진정한 행복을 깨닫게 되었다고 말하는 N군.
잃어버린 후 처음으로 알게 된 '당연한 것의 행복'.
그것을 깨닫는 일이 갱생의 첫걸음입니다.

약물과의 싸움은 일생의 싸움.
형무소 안에서 새 삶을 시작할 수 있었다 해도
세상은 형무소 안과 같지 않습니다.
갖은 유혹이 진을 치고 기다리고 있겠지요.
그렇지만 약물로부터 자유로워지기 위해 돕는 조직도
전국적으로 활발하게 활동하고 있습니다.
혼자서 싸우지 말고, 동료를 구해 함께 싸우는 것도 방법입니다.
출소 후에도 아무쪼록 잘 견디어 주길….

푸른 돌고래 이야기

푸른 돌고래는 작은 물고기를 쫓아서 얕은 여울에 왔습니다

아이가 돌고래를 보고 있었습니다

돌고래는 아이를 신경 쓰며 헤엄쳤습니다

돌고래는 아이가 몸을 잘 움직이지 못하는 것을 알아차렸습니다

돌고래는 아이와 오랫동안 계속 눈을 맞추었습니다

돌고래는 아이의 생각을 느꼈습니다

그것은 한 번이라도 좋으니 돌고래와 함께 헤엄치는 것이었습니다

하지만 돌고래는 헤엄쳐 가 버렸습니다

그렇게 넓은 바다로 가 버린 것입니다

그래도 아이의 마음은 돌고래에게 닿았습니다

돌고래는 결심했습니다

아이와 함께 헤엄치기로 결정한 것입니다

돌고래는 얕은 여울로 돌아와 아이를 등에 태웠습니다

돌고래는 아이와 바다로 헤엄쳐 갔습니다

아이는 지금까지 보인 적 없는 미소를 지었습니다

몇 개월 후에 돌고래는 천국에 가게 되었습니다
푸른 돌고래는 아이와 헤엄치던 꿈을 꾸면서
천국을 헤엄치고 있습니다

비와 파란 하늘

좍좍 내리는 빗속
물방울무늬 우산을 들고
꽃무늬 스커트가 조금 젖은 게
귀여워서
사랑에 빠졌습니다

창밖으로 보이는 파란 하늘
내가 좋아하는 사람도 보고 있으려나

범죄자라고 하면 대체 어떤 흉악한 사람이려나,
얼마나 무서운 괴물이려나, 하고 생각하기 쉽습니다.
하지만 한 사람 한 사람과 만나 보면,
'어째서 이 사람이?'란 생각이 들 때가 많습니다.
돌고래와 아이를 내세워 조금은 슬픈 동화를 꿈꾸거나
앳된 사랑을 하는 아이들….
어떤 사정이 이 아이를 몰아붙인 걸까,
어찌하여 범죄를 저지르고 만 것일까,
생각하지 않을 수 없습니다.

어머니

어머니의 자상함 기뻤던 그날
언제나 자상한 어머니

그런 어머니도 이제는 할머니
작은 할머니

어머니의 따스함 언제까지나

바보 아들이 엄마에게

은혜를 갚는다는 거 나는 못하지
받은 것이 너무도 커서
은혜를 갚는다는 거 나는 못하지
하지만
슬프게 하는 일은 더 이상 안 해
더 이상 안 해요, 엄마

생일

어린 시절에는 언제나 손을 잡아 끌어 주었는데
언제부턴가 그 손을 거부하고 피해 왔다

"누가 낳아 달라고 했어!"
열이 뻗친 나머지 그렇게 말했을 때 울다 쓰러진 어머니

오늘은 내 생일
그것은 당신이 엄마로 태어난 날

누가 낳아 달라고 했어
내 스스로
당신을 엄마로 골라 태어난 거겠지요

어머니, 낳아 줘서 고마워요

이제 안 그럴게요

몇 번이나 엄마를 배신했는지 모르겠다
'이제 안 그럴게요'라고 말할 때마다
엄마는 나를 믿어 주었지
그런데도 나는 계속 배신했다
그럴 때마다 용서해 주었지
엄마니까 용서하는 게 당연하고
자식이니까 용서받는 게 당연하다
그렇게 생각해 왔지만

그게 아니었어

엄마는 나를 정말로 사랑했으니까
언젠가는 내가 내 잘못을

분명 깨달을 거라고 믿었으니까
참을성 있게 기다려 준 거였어

엄마는 위대하기도 하지
나, 힘낼게

죄송해요

당신을 배신하고 그렇게 울게 했는데
당신은 나에게 사과했다
아크릴 판 너머로 미안해, 하고
나쁜 건 바로 나인데

그날의 눈물진 얼굴이 잊히지 않는다
죄송해요 엄마

기다려 주는 사람이 있다는 건 그 무엇보다 힘이 됩니다.

그러나 문제 있는 가족에게 문제 행동이 나타나는

케이스도 많고, 출소 후 돌아갈 가정환경이 반드시

이상적인 것만도 아닙니다.

그럼에도 입소를 계기로 가족이 문제점을 깨닫고, 배우고,

반성하고, 관계를 재구축해 나가는 경우도 많습니다.

나라 소년형무소에서는 '보호자회'를 실시하고 있습니다.

죄를 범한 아이를 어떻게 대처하면 좋을까,

가족의 대부분은 어찌할 바를 모릅니다.

교관은 그런 가족들에게 상담도 해 주고, 지도도 해 주고,

좀처럼 속내를 꺼내지 못하는 수형자와 가족 간의

다리가 되어 주기도 하면서

가족 단위로 갱생에 대처하는 환경을 만들고자

힘쓰고 있습니다.

언제부터였을까

언제부터였을까
같이 걷는 것이 부끄러워진 것은

언제부터였을까
거리를 두게 된 것은

언제부터였을까
이야기를 나누지 않게 된 것은

언제부터였을까
얼굴을 마주하지 않게 된 것은

언제부터였을까
'다녀왔습니다'란 말을 하지 않게 된 것은

언제든지
웃는 얼굴로 바라봐 준 엄마였는데

아내

면회에서 아내의 잔소리에 안도한다
아무 말도 못하고 고개 끄덕이기만 하는 15분

어머니

잘 웃는 어머니가 마음의 구원입니다
어머니의 날에 한 번은 하고 싶은 어깨 주무르기

몸이 커다란 O군은 말하는 것을 힘들어합니다.
그것을 커버하려는 듯 언제나 위압적인 태도를 취해 왔습니다.
하지만 그런 위협만으로는 통하지 않게 되어서
결국 형무소에 오게 되었습니다.
그런 O군 속에 이러한 단어의 결정체들이 있다고는!
모두들 깜짝 놀라 극구 칭찬했습니다.
그러자 O군, 지금까지는 쩍벌다리로
몸을 뒤로 젖힌 채 앉아 있었는데
자세가 좋아지고 드디어 앞쪽으로 몸을 기울여
모두의 말에 귀를 기울이게 되었습니다.
칭찬을 받는 것, 모두가 공감해 주는 것.
이는 사람에게 아주 중요한 것임을 다시 느낍니다.

엄마?

아, 누군가 온다
여자다!
누군가의 엄마인가?
혹시… 우리 엄마?

예쁜 사람이구나
우리 엄마도 예쁠까

무슨 일을 하고 있으려나
다정하고 포근하려나

어떤 목소리일까
나와 닮았을까

그래도….

어떤 얼굴을 하고 있어도
뚱뚱하다고 해도
심술궂다고 해도
일하지 않는다 해도
거칠다고 해도
남자 같은 목소리라고 해도
엄마는 엄마

한 번이라도 좋으니
얼굴을 보여 줘요 엄마
안아 줘요 엄마
한 번이라도 좋으니까

내 이름을 불러 줘요 엄마

그러면
나도 전하고 싶은 말이 있어요
'낳아 줘서 고마워요.'

맹세

어린 시절 나는 마음속으로 맹세했다
엄마를 지키기로
여러 사람들로부터
특히 아버지로부터

쬐끄만 몸으로 나는 아버지에게 맞섰다
그 공격의 화살을 나에게 돌리고 싶어서

하지만 어떤 반항도 못하고
맞고 있는 엄마의 품 안에서 나는 울었다
아무것도 할 수 없는 내가 분해서

엄마는 맞아도 맞아도 꼼짝 않고 참으며
눈물 한 방울 보이지 않고 다정한 목소리로 내게 말했다
"괜찮아, 금방 괜찮아질 거야."

언제가 강해져서 내가 엄마를 지켜 줄 거야
그렇게 생각했는데, 죄송해요 너무 늦었지
엄마는 천국으로 가 버렸다

드디어 강해졌어
그러니까 이 힘으로 지킬 거야
이제부터는 나의 소중한 사람들을

범죄자 중에는 가정폭력에 노출되어

학대받는 환경에서 자란 사람들이 많습니다.

자신은 절대 그렇게 되지 않겠다고 다짐하면서도

슬픈 연쇄 작용처럼 폭력을 휘둘러 버리는 경우도 많습니다.

나라 소년형무소에서는 폭력으로

범죄를 일으키는 사람을 대상으로

'폭력 회피 프로그램'을 실시하고 있습니다.

이것은 '앵거 매니지먼트'라는 심리요법을 도입한 것입니다.

문제가 발생하거나 심한 분노를 느꼈을 때

자신도 상대도 상처 입히는 일 없이

평온하게 해결하기 위해서는 어떻게 해야 좋을까?

그 방법을 모두 함께 배우고 있습니다.

일직선

아이가 달려간다
일직선으로 엄마의 품에 달려든다

나에게도 그런 날이 있었다
일 때문에 마중이 늦어지는 당신을
불안한 마음으로 기다리고 있으면
당신은 늘 얼굴 가득 미소를 띠고 나타나
비로소 안심이 된 나는 울고 말았지
눈물범벅이 된 볼을 당신이 양손으로 감싸면
그제야 겨우 나는 웃을 수 있었다
자전거 뒤에 올라
당신 등에 찰싹 붙어 돌아가는 길
바람에 끊어지는 당신의 목소리를
나는 작은 귀로 열심히 주워들으며

커다란 등에 되돌려주곤 했다
앞이 보이지 않아도 조금도 무섭지 않았다
당신과 함께였으니까

언제부터였을까
당신에게 내 맘을 제대로 전하지 못하게 된 것은
당신과 마지막으로 이야기 나눈 건 언제였던가

뭐라도 좋다 당신과 이야기를 나누고 싶다
어릴 때처럼 일직선으로 달려가고 싶다

늘 언제든 다정해서

내가 울며 돌아왔을 때도
상처를 입어 돌아왔을 때도

늘 언제든 다정해서

내가 처음으로 시끄러―라고 말했을 때도
처음으로 학교에서 문제를 일으켰을 때도

늘 언제든 다정해서

내가 풀이 죽어 있을 때도
반항했을 때도

늘 언제든 다정해서

그런 다정한 엄마라서
나도 다정해져야지 싶은 마음이 된다

하지만 내 안에는 '나'가 있어서
그런 '나'는 때때로
무엇에게든 마구 화풀이하며
부딪치며 살고 싶었지
하지만

당신은 늘 언제든 자상해서

그래서 진심으로 부딪치지 않고
그래서 진심으로 제멋대로 말하지 못하고
그래서 진심으로 외로워서

다정함으로 감싸 준 엄마의 사랑
나는 행복하지만
그 사랑이 다정함이
내 속의 '나'를 묶어 두고 만다

'나'를 엄마 앞에서 풀어놓아
진심으로 손발이 자유로워지고 싶다
늘 언제든

하지만 조금도 엄마에게 짐이 되고 싶진 않아
그래, 그 다정함 앞에서는

늘 언제든 다정해서

다정함이 풀솜실과 같이 사람의 마음을
묶어 버리는 일이 있습니다.
무엇이 진정한 다정함일까?
자신에게 되묻고 상대를 바라보는 것의 중요함을
이 시는 깨닫게 해 줍니다.
형무소 교정전 전시에서
많은 참관자들의 주목을 받은 시입니다.

엄마

물이 무서워서 떨며 바라보는 내게
엄마는 주먹을 보였다
나는 발밑에서 일렁이는 물보다도
엄마의 마음이 무서웠다

그것이 애정 때문이었는지
강하게 키우기 위함이었는지
오히려 자식을 내치는 것
그것이 바른 애정이라고 믿은 건가

칭찬받는 일도 없고
사회와 떨어지면 힐책당하고
인격도 부정당하며
"대체 왜 그 모양이냐"고 혼이 났었다

계속 반항하고
야단맞는 나날 속에서
언제부턴가 나는
사랑받지 못하고 있구나
라고 생각했다

그랬는데 내가 체포를 당하자
면목 없게도 당신은 울면서 말했다
"내가 잘못 키운 거야."
내가 잘못 큰 것뿐인데

　그래도 엄마가 웃고 있으면
　나도 기분이 좋아졌다
　정말 싫다고 생각했는데

사랑하는 마음과 미워하는 마음을
처음으로 가르쳐 준 사람

마치 펜글씨 학원의 본보기와 같은 예쁜 글자가
이 시의 배경을 보여 주고 있었습니다.
오냐오냐 하는 것도 생각할 일이지만
무엇이든 엄하게 교육하는 게 좋은 것도 아닙니다.
작은 아이에게 어머니는 세상 그 자체입니다.
뜻 없이 내뱉은 부정적인 말이 생각지도 못할 깊은 상처가 되어
마음은 언제까지고 계속 피를 흘립니다.
어른이 되어도 자신을 긍정하지 못하고
평생 괴로워하는 일까지 있습니다.
자상함과 엄함 사이에 있는, 진정한 사랑이란 무엇일까요?

기대

나는 어린 시절부터 엄마에게
식사하는 법
텔레비전 보는 법
자는 시간
아침에 일어나는 시간
공부하는 법 등
모든 것을
이것저것 엄하게 교육받았습니다

지금이야 내 미래를 걱정한 마음인 줄 알지만
그때는 나를 미워하는 줄 알았습니다

"이미 세상을 떠난 형이랑 누나 몫까지
네가 잘살아 주었으면 해서
엄하게 대하는 거란다"라고 엄마는 말합니다

엄마의 기대를 저버리지 말아야 해
라는 생각에 필사적으로 살고 있습니다

엄마와 같은 마음을 가진 부모가 되고 싶다고
마음속으로부터 깊이 생각했습니다

기대를 받으면 기쁘기도 하지만 부담도 되기 마련입니다.

더구나 죽은 형과 누나가 투영된다면

얼마나 괴로운 일이겠습니까.

자신이 사랑받는 게 아니라고 느껴질 수도 있습니다.

부모도 의식적으로 행동하는 게 아니라는 것이 비극이지요.

"나는 나. 형도 누나도 아니야."라고

소리 내어 말할 수 있었으면 좋았을 텐데,

여전히 입을 다문 P군의 마음이 느껴져 가슴이 아립니다.

거기에 있는 그 사람 자체를 있는 그대로 바라보는 것.

그것이 진실한 사랑의 첫걸음이 아닐까요?

엄마에게

엄마에게
제대로 마주보며 속마음 이야기한 일
솔직히 별로 없었지
오늘은 진심으로 이야기하고 싶어
그럴 생각이니까 들어 줘

엄마에게 정말 미안해, 고마워
지금까지 그렇게나 속을 썩였는데도
당신은 자상하게 안아 주었지

내가 아직 꼬맹이였을 때
당신을 두고 집을 나간 아버지
울다 지친 당신의 모습
정말 너무도 걱정스러웠어

그때부터 우리집은 넉넉하지 않아

또래의 장난감을 조르다가 울었었지
그런 나를 보고
"미안해."라며 슬픈 얼굴을 하고 있던 당신

나는 '강함'의 의미를 잘못 알고
한밤중까지 거리를 헤매었지

당신은 말없이 나의 귀가를 기다려 주었네

엄마에게 정말 미안해, 고마워
지금까지 그렇게나 속을 썩였는데도
당신은 자상하게 안아 주었지

엄마에게 정말 미안해, 고마워
나, 당신의 자식이라 다행이야

공백

이혼 부모가 맘대로 결정한 인생
우리들을 두고 집을 나갔을 때
엄마는 어떤 마음이었을까
외로웠을까 슬펐을까
아니면 어깨의 짐을 내려놓고 편안해졌을까

엄마가 집을 나가고 3개월 후
아빠가 사고로 돌아가셨다
삼형제가 할머니와 살면서

도시락은 알아서 싸야 했기에
열어 보는 기쁨도 없었다
"울 엄마, 또 오이 넣었어."
그런 말 한 번이라도 해 보고 싶었다

밤늦게 돌아와도
친구를 불러도 화내는 사람 없어
편하다고 떠벌렸지만 사실은 힘이 들었다

스무 살 때 엄마에게 연락이 왔다
엄마는 여관에서 일하고 있었다
10년 만에 만나게 되었다
어떤 얼굴을 할까, 뭐라 말할까
하지만 만나자마자 저절로 입이 터져
모르는 사이 웃는 얼굴로 이야기하고 있었다

함께 살게 되어서
엄마는 일 나가는 내게 도시락을 만들어 주었다
출근 도중에 살짝 열어 보니

계란말이, 닭튀김, 소시지
내가 좋아하는 반찬들뿐
떨어져 있어도 기억하고 있었구나
자식이 좋아하는 것

이제부터 매일 10년분의 공백을
도시락에 메꾸어 가렵니다

크리스마스 선물

52명 동료의 크리스마스
맛난 것을 먹고 케이크를 먹고
게임을 하고 실컷 웃고
선물까지 받지
자고 있는 사이 누군가가
몰래 머리맡에 놓고 가거든
그것이 산타인지 학원의 선생님인지
난 잘 모르겠지만

하지만 정말 원하는 건
미안, 이게 아니야, 달라

산타 할아버지 부탁해요
뚱뚱보에 신경질쟁이에
괴상한 엄마라도 좋으니까

나에게 주세요
세계 어딘가에 분명 그런 엄마가
남아 있을 거잖아요
그 엄마를 내게 주세요
그러면 내가 진짜 소중히 여길게요

엄마가 있으면 분명
실컷 웃은 다음에도 외로워지지 않을 테니까

내 진짜 엄마도 분명
어딘가에서 외로워하고 있겠지
'사회'라는 녀석에게 왕따를 당해 힘들어서
나를 만나러 오지도 못하고 있는 것이겠지

산타 할아버지

나는 남아도는 아이니까
어딘가에 외로운 엄마가 있으면
내가 선물이 될 테니 데려다줘요

이제부터는 싸움도 하지 않고 거짓말도 하지 않는
착한 아이가 될 테니까!

가즈에

엄마 가즈에는 타로가 세 살 때 집을 나갔다
철이 들 즈음에 엄마는 이미 없었으니까
엄마가 없다는 것을 타로는 신경쓰지 않았다
신경을 썼던 건 오히려 아버지
"에미 따위 없어도"라는 것이 아버지의 입버릇이었다

열 살 때 타로는 초등학교에서 문제를 일으켰다
교무실에 불려가자 입을 뗀 교사의 첫마디는 이랬다
"너는 어머니가 안 계시니까."

안 계시니까 뭐라는 걸까
안 계시니까 나는 이렇게 짜증이 나는 걸까
안 계시니까 물건을 부수는 걸까, 사람을 때리는 걸까
생각하니 다시 화가 올라왔다
주변에 있는 건 손에 잡히는 대로 던져 버렸다

교무실에 불려온 아버지는 거듭 고개를 숙이며 사죄했다
"죄송합니다, 에미가 없어서"라고
"에미 따위 없어도"라고 말했던 주제에

열세 살 때 가즈에로부터 갑자기 연락이 왔다
"보고 싶다"고 말했다
아무래도 상관없다고 생각했지만
타로는 일단 만나겠다고 대답했다
만나기로 한 역 앞
"타로구나" 하는 소리가 들려왔다
엄마란 사람은 10년간 만나지 않아도
자식의 얼굴을 바로 알아보는가 보다
응, 하고 고개를 끄덕이자 엄마는 흐느껴 울었다
"미안해"란 말을 몇 번이고 되뇌면서

타로는 어쩌면 좋을지 몰랐다
울음을 그치지 못하는 엄마를 보며
남겨진 것보다 놓고 가는 편이 힘드려나
같은 생각을 했다

"괜찮아, 신경쓸 거 없어, 엄마."
입 밖으로 그렇게 말한 순간 타로는 깨달았다
지금까지 내가 엄마를 용서하지 않았다는 것과
그리고 지금 용서하려고 하는 것을

가즈에는 계속 울고 있었다
타로는 지금까지 없었던 확 뚫린 마음으로 말했다
"만나러 와 줘서 고마워"라고

두 배로 고마워요

내가 여자아이를 울렸을 때 딱밤을 먹이던 아버지
산에 데리고 가서 사슴벌레를 잡아 주던 아버지
여름에는 수영장에서 숨바꼭질을 해 주던 아버지
내 피칭 연습을 함께 해 주면서
"손이 아플 정도로 센 볼인데!" 하고 칭찬해 준 아버지
내가 힘들어하는 도면 숙제를
회사일로 녹초가 되었는데도 도와주었던 아버지
"운동회에는 가고 싶지 않아"라고 말했는데도
2인3각 경기에 나가 주었던 아버지
보호자 참관일에는 일을 쉬고
제일 먼저 와 주었던 아버지

언제나 혼자서 두 사람 역을 해서 힘들었을 텐데도
끊임없는 미소를 보여 주었던 당신

아버지가 없어도 외롭지 않았다
어머니 당신이 있어서 두 배로 고마워요

고마워요, 아버지 역까지 해 주었던
고마워요, 나의 어머니

우리 엄마

다카시네 엄마는 요리를 진짜 잘해
마사루네 엄마는 언제나 웃어서 즐거워
미키네 엄마는 아주 세련되고 멋있어
마코토네 엄마는 언제나 다정하고 따뜻해

우리 엄마는 진짜 인기가 많아
그래서 나는 여러 명의 아빠를 알고 있어
하지만 벌써 몇 년이나 엄마를 만나지 못했어
정말 좋아하는데 만나지 못해
모두의 엄마가 부러워서
엄마가 밉다고 언제나 말했었는데…

역시 좋아, 우리 엄마

어머니의 날

"최악의 어머니의 날"이라고 엄마는 말했다
초등학생이었던 나는
아직 어머니의 날이란 걸 몰랐다
그날이 어머니의 날이라는 걸 알지도 못하고
엄마를 곤란하게 하고 화나게 만들어 버렸다

1년에 한 번인 어머니의 날에
"최악의 어머니의 날"
이라고 말해야만 했던 엄마는
얼마나 슬펐을까

그날을 계기로 나는 어머니의 날을 알게 되었다
그래서 매년 선물을 보낸다
이제 두 번 다시 "최악의 어머니의 날"이라고
말하지 않았으면 좋겠으니까

별 뜻 없이 한 한마디가 아이의 마음에
깊은 상처로 남는 일이 있습니다.
정작 말한 사람은 완전히 잊어버리고 있어도,
그 말을 들은 쪽은 언제까지고 잊을 수 없습니다.
어떻게 사용하느냐에 따라 축복이 되기도 하고
저주가 되기도 하는 말.
언령言靈이 머무는 언어를 소중히 사용해야 할 것입니다.

두 명의 어머니

"꼭 데리러 올 테니까"라는 말과 함께
다섯 살 때 시설에 맡겨졌다
여섯 살 생일에 어머니에게서 카드가 도착했다
일곱 살 생일에도 어머니에게서 카드가 도착했다
여덟 살 생일에도 어머니에게서 카드가 도착했다

"생일 축하해"
손으로 쓴 카드가 무엇보다 기뻤다
1년에 한 번 즐거웠다
열 살 생일 카드는 오지 않았다
다음해도 그 다음해도
나는 혼자 방에서 울었다
계속 계속 울고 있었다

그러자 선생님이 와서

모른 척하는 나를 꼭 안아 주었다
다정한 목소리로 이렇게 말해 주었다
"나는 여기에 있어
쭉 언제나 여기에 있어
어디에도 가지 않으니까
쭉 언제나 지켜 줄 거니까
그러니까 울지 마
내가 엄마가 되어 줄 테니까"

스물네 살이 된 지금까지도 나의 어머니는 두 사람
어머니 한 분은 19년 동안 만나지 못했어도
어머니는 두 사람
언제까지나 언제까지라도 두 사람

이런 나

이런 미래를 나는 원했을까
이런 미래를 나는 상상도 하지 못했다

이런 나의 어떤 구석을 사랑할 수 있는 거야?
왜 그런 다정한 눈으로 보는 거야?
어떻게 "괜찮아, 다시 시작할 수 있어"라고 말할 수 있
는 거야?

이런 나 따위를…

이런 나인데도, 고마워 엄마

전투 교대

철이 들 때쯤 아빠는 없었다
엄마는 혼자서 싸워 왔다
엄마는 전사, 어떤 일에도 굴복하지 않는다
하지만 나는 알고 있다
엄마는 깨닫지 못하고 있지만
전사라는 갑옷을 입고 있을 뿐이라는 걸
엄마의 갑옷은 필요해지면 필요해질수록
딱딱해지고 무거워진다

그러니까 내가 그 갑옷을 벗겨 드려야지
이번에는 내가 전사다
엄마, 이제 조금만 기다려 줘

이 문을 나가 세상으로 돌아가면 새로운 싸움이 시작됩니다.
'어서 와'라고 따뜻하게 맞아 주는 세상이 있어야 비로소
그들의 갱생은 열매를 맺는 것입니다.
세상에는 적만 있는 게 아니에요.
서로 협력하며 살아갈 수 있어요.
그런 사람이 많을수록 사회는 안전해집니다.
갑옷을 벗어도 살 수 있는 세상, 함께 만들어 갑시다.

당신의 아이

갓난아기일 때부터 감기가 친구였던 나
할 일을 제대로 못해 야단맞은 나
체육시간이 있으면 배가 아프던 나
몸이 둔하고 운동회가 싫었던 나
목소리가 작고 부끄럼쟁이였던 나
왠지 말대답을 하고마는 나
더 이상 어머니와 못 만나게 된 나

당신의 아이라 다행이다

시의 힘, 자리의 힘

료 미치코

수형자에게 시와 동화 수업을?

"나라 소년형무소에서 수형자를 상대로 동화와 시를 이용한 정서조절 수업을 하고 싶은데, 강사로 와 주실 수 있을까요?" 솔직히 그런 제안을 받았을 때는 주저했습니다. 수형자라는 소리를 듣자 바로 '흉악', '난폭' 같은 이미지가 떠올랐기 때문입니다. 대체 어떤 죄를 저질러서 형무소에 들어간 걸까요. 수업이라는 걸 할 수는 있는 걸까요.

애초에 형무소 교육에 관심이 있었던 것도 아니었습니다. 형무소와 관련을 맺게 된 건 전혀 다른 계기였습니다. 지은 지 100년이나 됐다는, 웅장하고 아름다운 벽돌 건물에 매혹되었던 것뿐입니다. '교정전(矯正展)'이라는 이름의 행사가 1년에 한 번 개최되는데, 그날은 형무소 건물을 견학할 수 있다고 해서 건물을 보고 싶은 마음에 방문했을 뿐입니다.

하지만 그곳에 전시되어 있던 수형자의 시와 그림이 내 마음을 더럭 사로잡았습니다.

돌아보고 또 돌아보는 먼 곳의 불꽃놀이
여름 축제 가슴의 고동 그리워하다

슬픔을 가득 채운 단정한 문구. 벽돌 하나하나까지 그려진 꼼꼼한 그림. 내가 품고 있던 '흉악범'의 이미지와는 전혀 달랐습니다. 이렇게 고지식하고 섬세해서야 사회에서 살아가는 것이 힘들지 않을까, 하고 어느새 걱정부터 하게 되었습니다.

그 감상을 가까이 있던 형무소 관계자 분에게 털어놓았더니, 마침 교육 전문관이었던 그분이 형무소에서의 교육과 지도에 대하여 구체적으로 설명해 주었습니다. 그때 나는 이렇게 진지하게 타인의 인생을 생각하는 사람이 있을까 싶었습니다. 놀라울 정도로 자상하고 순수한 이런 사람을 사회의 다른 현장에서는 본 적이 없었습니다.

그로부터 1년 정도 지나 급히 강사 의뢰를 받았지만, 어쨌든 이야기를 자세히 들어 보고 결정하겠다는 대답밖에 할 수 없었습니다. 형무소에 가서 그 당시 교육 총괄이었던 호소미즈 레이코 씨의 이야기를 들었습니다.

수강 예정자 중에는 강도, 살인, 강간 등의 중죄로 형을 받

은 사람도 있다고 하더군요. 사실 처음에는 무섭다는 생각
이 먼저 들었지만, 자세히 설명을 듣는 사이 '한번 해 볼까'
싶은 마음이 되었습니다. 형무소가 새롭게 시도하려고 하는
〈사회성 함양 프로그램〉에 공감한 부분도 있었고, 무엇보다
수형자들의 갱생을 바라는 호소미즈 총괄의 깊은 애정을 느
꼈기 때문입니다. 수형자들은 가해자인 동시에 이 사회의 피
해자일지도 모른다는 생각이 들었습니다. 결국 나는 그 일을
받아들이기로 했던 거지요.

〈사회성 함양 프로그램〉이란?

〈사회성 함양 프로그램〉 프로젝트의 대상자는, 형무소 안
에서도 모두와 보조를 맞추기 힘들어하고, 그렇다고 왕따의
대상도 되기 어려운 사람들이었습니다. 극단적으로 소심하
여 자기표현을 힘들어하거나, 행동이 굼뜨거나, 학대받은 기
억이 있어서 마음을 걸어 잠근 사람들이었지요.
　호소미즈 총괄이 저에게 말했어요.
　"가정에서는 방치되고, 주변에 모범이 될 만한 어른도 없
고, 학교에서는 덜 떨어진 문제아로 낙인 찍혀 선생조차도

제대로 상대해 주지 않는 아이들인 거죠. 그런데 사회복지의 혜택을 받을 만한 여건은 되지 않고…… 그야말로 가장 빛이 들어오지 않는 곳에 있었던 아이들이 많아요. 그래서 정서적으로 개발되지 않은, 메마른 황무지 그대로예요. 자기 마음이지만 자신의 감정을 모르고 있어요. 어느 날 무언가의 계기로 폭발하고, 그것이 결과적으로는 불행한 범죄로 이어진 경우도 꽤 있지요. 선생님께서 동화와 시를 통해 저 아이들의 정서를 개발해 주셨으면 해요."

이런 말을 들으니, 이거 정말 큰일이구나 싶었습니다. 어떤 안전망으로도 걸러지지 않은 아이들, 다시 말해 이 교육이 마지막 안전망인 것이었어요. 내가 과연 도움이 될 수 있을까, 마음은 불안으로 가득했지만, 도전해 볼 수밖에요.

이 프로그램은 다음의 세 가지 요소로 구성되었습니다.

- SST(Social Skill Training)
- 그림
- 동화와 시

각각 월 1회, 90분간의 수업이 진행되고, 월 3회의 수업을 6개월간, 총 18회의 수업을 실시하게 됩니다. 수강생은 열

명 전후.

SST는 심리·정신의료의 전문가와 형무소의 교관이 강사가 되어 인사법, 하기 싫은 일을 부탁받았을 때 실례가 되지 않게 거절하는 법 등 기본적인 커뮤니케이션 방법을 배우는 교실입니다. 수형자들은 '인사' 같은, 누구라도 당연하게 여기는 기본적인 행동마저 자연스럽게 하지 못하는 경우가 많다고 합니다. 인사법 하나만 잘 익혀도 훨씬 살기 편해질 텐데 말이죠.

이 수업의 비디오 기록을 보았습니다. 인사법 수업이라고 해서 '제대로 인사를 잘 하자' 같은 주입식 교육이 아닙니다. 회사에서 선배에게 어떤 타이밍에 뭐라고 말하며 인사를 건넬까, 하는 주제로 롤 플레이를 해 봅니다. 회사 사람의 입장이 되어 인사를 받거나 직접 인사하는 입장이 되어 실제로 해 보는 것입니다. 그러면서 어떤 인사가 가장 기분이 좋은지 모두 함께 발견해 나가는 것이지요.

자신이 발견한 최적의 방법은, 일방적으로 배운 것과 달리 자신의 것으로 몸에 스며들게 됩니다. 이렇게 자기 몸에 스며든 행동들이 출소 후 그들에게 도움이 되길 바라는 것이지요. '제대로 된 인사를 할 줄 아는 사람'이라는 인상을 주는 것만으로도 첫인상은 달라집니다. 거기에서부터 미래로 열리는 길이 달라집니다.

SST 수업은 초등학교, 중학교에서도 의무교육이 되어야 한다고 진심으로 생각했습니다. 이 수업을 초등학교에서 1회, 중학교에서 1회 실시하는 것만으로도 사회 전체의 분위기가 달라지지 않을까요? 모두의 마음을 통하게 하는, 기분 좋게 인사할 수 있는 사회가 되지 않을까요?

원래라면 인사법 같은 건 커뮤니티에서 가르쳐야 하겠지만, 현실적으로 커뮤니티가 기능하고 있지 않은 요즘 상황에서는 SST 수업이 하나의 방법이 될지도 모른다는 생각을 했습니다.

다음은 〈그림〉 프로그램. 3원색, 따뜻한 색과 차가운 색 등 그림의 기본을 배우고, 실제로 그림을 그려 봅니다. 붓을 잡고서 잡다한 생각 없이 색칠에 열중하거나 대상을 잘 보고 베끼다 보면 언어로부터도 일상으로부터도 해방된 시간을 보낼 수 있는 거지요. 이것은 미술 전문 선생님이 지도합니다.

마지막으로 내가 담당하는 〈동화와 시〉 수업. 나는 이것을 〈이야기 교실〉이라고 이름 붙여 보았습니다. '말을 중심으로 한 정서조절 교육'을 했으면 좋겠다는 것뿐, 아무런 제약도 없었습니다. 어떻게든 생각한 대로 진행하면 된다는 말에 더 듬더듬 수업을 시작했습니다. 수강생들의 반응을 보고 다음 수업을 결정하는 방식을 반복하다가 다행히 하나의 방향성 이 정해졌습니다.

수업은 모두 6회. 첫 번째 수업에서는 그림책 『꼬마 늑대 가 달려와서』를 교재로 썼습니다. 이 그림책은 아이누 민화 를 소재로 하고 있으며, 아빠와 어린 아들이 나눈 대화 형태 로 이야기가 진행됩니다. 아이의 질문에 아빠가 대답을 해 나가는 가운데, 자연의 커다란 짜임새를 깨달아 가는 이야기 지요.

그림책의 개요를 이야기한 다음, 모두가 한 번씩 낭독을 하게 했습니다. 그것도 아이누 풍의 겉옷이나 아이누 자수의 두건 등을 준비해 아빠와 아들의 모습이 되어 보는 겁니다. 모두의 앞에서 연극을 하게 되는 것이죠.

교관이 펠트로 아빠 역의 수염을 만들어 온 덕을 톡톡히 보았습니다. 역할을 맡는다는 것은 일종의 가면을 쓰는 것. 그 가면 덕분에 평소에는 사람들 앞에서 발언하는 것이 힘든 아이도 어떻게든 사람들 앞에서 연기를 할 수 있었습니다.

우락부락하게 몸이 큰 레슬러 같은 아이가 "아들 역할을 하고 싶다."고 말했을 때는 놀랐습니다. 그는 실제로 귀여운 아들을 연기해 보였죠.

"그 아이는 아이다움을 보인 적이 없었어요. 가정 사정으로 어렸을 때부터 어른 흉내를 내며 살 수밖에 없었던 거죠. 그래서 자신 안의 아이를 해결해 보고 싶었던 거겠죠."라고 교관은 말했습니다. 연기를 하고 난 후의 아이는 평온한 얼굴을 하고 있었습니다.

연기를 하기 전에는 다들 굳은 얼굴로 긴장하지만, 일단 연기를 끝내고 모두에게 박수를 받으면 그것만으로도 모습이 달라집니다. "기분 좋았어요.", "또 하고 싶어요."와 같은 적극적인 감상이 들려옵니다.

어린 시절부터 집에서는 물론 학교에서도 무시당하고, 수업 시간에 그 흔한 이름 불리는 일도 없이 그저 교실 한편에 숨죽여 있던 아이들. 그들이 이곳에서 처음으로 '주인공'으로서 사람들 앞에 서서 연기를 한 것입니다. 비록 작은 일이지만 그 성취감이 굳게 닫힌 그들의 마음을 풀어 주는 계기가 되었습니다.

두 번째 수업에서도 그림책을 읽었고, 세 번째 수업에서 시를 읽는 것에 도전했습니다. 가네코 미스즈와 마도 미치오의 시를 교재로 삼았습니다. '가르치는' 것이 아니라 소리를 내어 읽고, 한 사람 한 사람의 감상을 들어 보았습니다. 회를 거듭할수록 표현은 거침없이 늘어 갔습니다.

드디어 그들 자신의 시를 써 보라고 했습니다. 지금까지의 수업으로 단어와 친해지고, '시'라는 것의 이미지를 두루뭉술하게나마 잡고 있기 때문에 그렇게 어려운 일은 아닐 겁니다. "쓰고 싶은 것이 생각나지 않으면 '좋아하는 색'에 대해 써 보세요."라고 숙제를 내 주었습니다. 그러자 대부분의 아이들이 숙제를 해 왔습니다. 이번엔 그 시를 스스로 낭독하고 모두 함께 감상을 나누었지요.

놀라운 잠재력

그뿐입니다. 고작 그것만으로도 눈앞의 그들이 마법처럼 순식간에 변하더란 말이죠.

처음 교실에 모였을 때는 왠지 한 사람 한 사람의 형태가 명확하게 느껴지지 않았습니다. 묵직한 땅덩어리가 앉아 있는 듯 무표정한 아이도 있고, 손을 내밀면 경계를 하며 휙 도망가 버리는 길고양이 같은 아이도 있었습니다. 앉아 있는 모습도 다양하고 그 태도도 각양각색인데, 이상하게도 한 사람 한 사람의 인상은 확실하지가 않았습니다. 아마도 교류감이 없기 때문일 겁니다. 그래서 그 생명의 힘을 느끼지 못했기 때문일 테죠. 그들은 보이지 않는 벽의 건너편에 있었습니다.

그런 벽이 수업이 진행됨에 따라 얇아져 결국에는 없어지고 말았습니다. 예를 들어 너무도 내향적이고 자신감이 없었던 E군. 하루는 대화 중에 그의 취미가 낚시이며 물고기에 대해서도 잘 알고 있다는 사실을 알게 되었습니다. 그래서 물고기에 관한 화제는 그가 주도하도록 맡겼지요. 그랬더니 E군은 점점 더 적극적이 되어 가더니 급기야 말로 설명하기 어렵다고 느끼면 스스로 칠판 앞으로 나가 그림을 그리며 당당하게 이야기하는 모습을 보였습니다. 처음 보았던 E군은 마치 엄마 치마폭에 숨어 힐끔거리며 훔쳐보듯 교관 옆에 딱 붙어 있었는데, 나중에는 그런 모습이 온데간데없었습니다. 도저히 같은 사람이라고는 느껴지지 않을 정도였지요.

수업이 모두 끝난 다음에도 E군의 달라진 이야기를 들을 수 있었습니다. "공장에서도 다른 사람인가 싶을 정도로 믿음직하고 다른 이들과도 잘 지내게 되었어요." 하고 교도관 선생님으로부터 보고가 있었다고 합니다. "E군이 저렇게 변했다면 저도." 하면서 스스로 지원해서 〈사회성 함양 프로그램〉을 신청하는 아이도 생겼습니다.

쩍벌다리에 몸을 한껏 뒤로 젖혀 앉아 있던 O군은, 시를 칭찬받자 그걸 계기로 앉는 자세까지 달라졌습니다. 수업에 흥미를 가지고 몸을 앞으로 기울여 집중하면서 앉게 되었지요.

자해 성향이 있고 정서가 불안정한 K군은, 망상이나 공상 노트에 마음속 이야기를 꺼내 쓰면서 자신을 객관화하게 되었습니다. 그러자 마음이 차츰 안정되어 분위기마저 달라졌지요. 이제는 동료들의 인생 상담을 들어 주는 입장까지 되었답니다.

사람이 겨우 6개월, 18회의 수업을 받은 것만으로 이렇게 변할 수 있다니, 나는 내 눈을 의심했습니다. 처음에는 초심자 운으로 어쩌다 잘된 거라고 생각했습니다.

하지만 그렇지가 않더군요. 이번에 5기 수업을 마쳤지만, 효과가 없었던 클래스는 단 하나도 없었습니다. 거의 모든 수강생들이 밝고 환한 표정으로 달라졌고, 공장 내의 인간관계도 원만해졌습니다.

수형자들의 변화를 느낀 공장 담당의 교도관 선생님이 그들을 적절한 포지션에 배치해 주었습니다. 공장 전체에 갱생의 긍정적이고도 밝은 분위기가 감돌게 되었다고 하더군요.

한 사람의 변화가 전체에 영향을 미치는 것이죠. 악순환의 반대인 선순환의 시작이라고 할 만합니다.

반대로 공장에 한 사람이라도 보조를 맞추지 않는 사람이 있으면 악순환이 되고 맙니다. 수업의 효과를 실감한 교도관 선생님에게 "다음에는 자꾸 문제를 일으키는 저 아이를 참가시켜 주세요." 같은 의뢰를 받을 정도까지 되었지요. 실제로 〈사회성 함양 프로그램〉을 받은 아이들 중에는 수강 후 공장에서 지도하는 입장이 된 아이도 있었습니다.

크게 변화된 그들의 모습을 생각할 때면, 왠지 눈물이 터져 나옵니다. 호소미즈 총괄이 한 말 그대로였습니다. 그들은 한 번도 경작된 적이 없는 황무지였습니다. 아주 조금 괭이질을 하고 물을 주는 것만으로 이렇게나 잘 자라는 것입니다. 많은 싹을 틔우고 때로는 꽃을 피우고 열매까지 맺는 일도 있습니다. 타인을 배려하는 마음까지 자라는 것이죠. 그들의 잠재력은 그야말로 경이로웠습니다. 출발 지점이 거의 제로에 가깝거나 때로는 마이너스이기까지 했으니까요. 지금 눈에 보이는 그들의 성장에는 그저 눈이 휘둥그레질 따름입니다.

이렇게나 놀라운 가능성이 있는데도 지금까지 세상은 그들을 어떻게 취급했던 것일까요. 이러한 교육을 만약 훨씬 전에 받을 수 있었다면, 그들도 여기까지 오지 않았을지 모릅니다. 피해자도 없었을 겁니다. '약자'를 가해자로 또 피해자로 만드는 일그러진 사회에 분노가 치밀어 옵니다.

아쉬운 가운데 6회의 수업을 마칠 즈음에는, 한 사람 한 사람의 개성이 확연히 눈에 띄게 되었습니다. 무엇보다도 모두, 귀여워집니다. 익숙해져서가 아닙니다. 그들의 내면에서 확실하게 무언가 변화가 일어났기 때문입니다.

따뜻하고 안심할 수 있는 '자리'가 마음을 키운다

〈사회성 함양 프로그램〉이 눈에 보이는 성과를 가져오자, 형무소 관련 연수 등에 초청을 받는 기회가 몇 번인가 있었습니다. 2009년 긴키 교회사회 심포지엄의 패널로 참가하게 되었습니다. '교회사(敎誨師)'란 형무소나 소년원 등 교정 시설에 종교인의 입장에서 자원봉사를 하는 분들을 가리킵니다. 종파를 넘어 힘을 합쳐 수형자의 갱생에 힘을 보태고 있지요. 그 교회사회의 사전 모임에서 한 교회사 선생님은 "모두들 좋아졌다니, 정말로 그런 일이 가능한가요?" 하고 진지한 눈빛으로 물어 왔습니다.

154

그 선생님 말로는, 자신이 담당하는 수형자들 중에 아무리 애써도 마음을 열어 주지 않는 아이가 한 명 있어서 2주일에 한 번, 두 시간씩 면접을 벌써 2년간이나 계속하고 있는데도 변화의 징후가 없다는 것입니다. 경험이 풍부한 교회사 선생님마저도 어렵다고 느끼고 있었습니다.

나는 새삼스럽게 〈사회성 함양 프로그램〉의 효과에 크게 놀라, 무엇이 효과를 낸 것인지 스스로에게 되묻게 되었습니다. 그저 하나의 요인만으로 기적과 같은 일이 일어나지는 않았을 겁니다. 여러 가지의 요인들이 서로 좋은 영향을 주어 결과적으로 눈에 보이는 효과를 드러내고 있는 것이 틀림없습니다.

제일 먼저, 형무소 내 교관 선생님들의 열성을 요인으로 꼽지 않을 수 없습니다. 교관들은 한 달에 세 번 〈사회성 양성 프로그램〉이 진행될 때만이 아니라, 공장에서 일상생활에서 그들을 주의 깊게 관찰하고 거리낌 없이 말을 건네고 격려하며 신뢰관계를 구축하고 있었습니다. 게다가 그들의 범죄 이력만이 아니라 생활환경까지 파악하여 항상 그 배경을 고려하면서 대처하고 있었지요. 그러기에 수강생들은 교실에서 안심하고 마음을 열 수 있는 것입니다.

이 프로그램을 담당하고 있는 다케시타 교관은 이렇게 말

합니다.

"아무리 흉악한 범죄자라도 처음에는 마음에 상처 하나 없는 갓난아기였겠지요. 다만 커 가면서 여러 곤란한 상황을 만나 상처를 받은 겁니다. 수형자의 대부분이 어린 시절에 겪은 정신적·신체적인 상처를 안고 있습니다. 그 상처를 제대로 잘 치료하지 못한 친구들이 비행으로 치닫고 범죄자가 되는 건지도 모릅니다. 갱생하여 재범을 저지르지 않기 위해서는 원래의 자신으로 되돌려 놓아야만 합니다. 아이다움을 꾸밈없이 표현하고, 그래도 괜찮다고 안심시켜 줄 수 있다면, 다시 일어서는 계기가 되고 비행이나 범죄와는 무관한 생활을 할 수 있게 될 겁니다."

이누이 교관은 이것을 가리켜 "생각을 헤아려서 다가가 지지해 주고 잘 돌보는 것"이라고 표현했습니다. 물론 교관만이 교육에 관계하는 것은 아닙니다. 싸움으로 번지기 쉬운 수형자들의 행동을 규제하고, 규율 바른 생활로 이끌어 주는 교도관 선생님들의 힘이 없다면 교육은 어렵다고 합니다. 나라 소년형무소의 직원 가운데 약 90%가 교도관입니다. 남은 약 10%가 교관, 심리기관, 작업기관, 의료기관입니다. 기획 부문의 교육 담당은 14명에 지나지 않습니다. 현재 약 200명의 직원이 700명 가까운 수형자를 24시간 관리하고 있습니다.

"형무소의 전 직원들이 각각의 입장에서 제 역할을 다하며 연대하여 톱니바퀴와 같이 잘 맞물려야 비로소 교육과 개선 지도의 효과도 올라갑니다."

형무소 자체가 하나의 커다란 '자리'로서 수형자를 포용하고 있는 것입니다. 연대의 중요성이 느껴지는 부분이지요.

이 프로그램이 다른 세 가지 요소로 구성되어 있는 것도 커다란 요인일 것입니다. '열려라 참깨'의 주문 하나로 마음의 문이 열리는 것은 아닙니다. 기분 좋은 인사법을 배워서 형무소 생활에서 활용하고, 마음을 전하는 방법을 배워서 요령 있게 싸움을 피하고… 그런 일들이 쌓여서 그들의 일상을 보다 '살기 쉽게' 만들어 줄 겁니다.

그런 나날 속에서 마음을 비우고 그림 그릴 시간이 있고, 혼자 시를 쓰며 자신과 마주할 시간이 있고, 그것을 함께 평가하는 시간이 있습니다. 이 모든 것이 각 방면에서 서서히, 마치 얼음이 녹는 것처럼, 조금씩 마음의 빗장을 걷고 그들 안에 눌러 참아 왔던 마음을 안심하고 표현할 수 있게 된 것이 아닐까요.

무엇보다 '그룹 워크'라는 '자리의 힘'이 중요했다고 생각합니다. 1대 1의 대응과는 다른 종류의 독특하고 밀도 높은 시간 말이죠. 10여 명의 수강생들과 강사, 여러 교관들이 하나의 커다란 '자리'를 만들었습니다. 그 자리에 모인 아이들은 자신의 의견을 말하고, 서로의 의견에 귀를 기울였지요. 낭독을 마쳤을 때도 모두가 박수를 쳐 주고요. 십수 명에게서 박수를 받았다는 것의 의미, 자랑스러움. 어쩌면 그것은 그들이 태어나서 처음으로 경험하는 일일지도 모릅니다. 이러한 유기적인 교류가 좋은 온상으로서의 역할을 다하여 그들의 싹을 쑥쑥 자라나게 한 것입니다. 그 속도감이 그저 놀라울 뿐.

나는 그들과 함께 평가의 시간을 가지며 놀라운 사실을 발견했습니다. 누구 하나 부정적인 말을 하지 않는다는 것. 어떻게 해서든 상대의 좋은 점을 발견해 내기 위해, 자신이 공감할 수 있는 부분을 발견하기 위해 발언한다는 것. 대학에서 수업을 해도 비평이라는 이름 아래 상대의 인격마저 부정하는 듯 온갖 흠을 끄집어내는 학생이 있을 수 있는데, 여기에서는 왠지 그런 일이 전혀 없다는 것.

왜 그럴까 하는 생각에 관찰하다가 한 가지를 깨달았습니다. 일단 형무소의 선생님들이 그들의 좋은 모범이 되어 주고 있는 것입니다. 선생님들은 평소에 그들을 있는 그대로의 모습으로 인정하고 받아들이고 있다는 메시지를 계속 보내고 있습니다. 그 메시지를 받아들인 이는 마찬가지로 동료를 있는 그대로 받아들이려고 하겠지요. 그렇게 되면 수형자들 사이에서 서로를 받아들이며 서로 잘해 보자는 긍정적인 분위기가 자연스럽게 길러지지 않을까요. 아무튼 어떤 기회라도 주어진다면, 이렇게 발전할 수 있는 겁니다. 이렇게 변모할 수 있는 그들이 왜 교실에 왔던 처음에는 그토록 묵직한 땅덩어리처럼 보였던 것일까요.

그들은 지금까지 그러한 '자리'를 거의 갖지 못하고 성장해버린 것일 수 있습니다. 가족, 학교, 친구… 자연스럽게 그 테두리에 들어가지 못하고, 혹은 자신의 의지와 상관없이 튕겨졌는지 모릅니다. 모범이 되는 어른도 없었는지 모르죠. 사회에서 배제된 그들에게 손을 내밀어 준 것은 범죄 성향을 지닌 자들로, 그들을 도와주기 위해서가 아니라 이용하기 위해 가까이 다가왔던 것뿐인지도. 그들을 만나 본 나로서는 이런 생각을 하지 않을 수 없었습니다. 왜냐하면 한 사람 한 사람 이야기해 봤을 때는 '이 아이가 어떻게 범죄를?'이라는 생각이 드는 사람들뿐이었기 때문이죠.

예술의 힘, 시의 힘

또 하나, 마음속으로 느낀 것은 '예술의 힘'입니다. 특히 시에 관해서는 나 자신이 가지고 있던 시에 대한 생각이 바뀔 정도로 커다란 충격을 받았습니다.

〈이야기 교실〉에서 함께 동화를 읽고, 시인이 쓴 훌륭한 시를 읽는 것만으로도 그들의 모습은 달라지고 있었습니다. 하지만 눈에 띄게 무언가가 크게 변화되었다고 느낀 것은, 그들 자신이 시를 쓰고, 그것을 모두와 함께 평가하는 단계에 들어가기 시작했을 때입니다.

때론 그것이 세상에서 말하는 시와 닮아 있지 않다 해도, 그것은 분명히 시였습니다. 일상의 언어와는 다른 언어인 거지요. 평소에는 말할 기회도 없던 일이나 거의 보여 주지 않던 마음속을 언어화하고 문자로 엮어 그것을 소리 내어 모두의 앞에서 낭독하는 것….

그 일련의 과정은 무언가 신성했습니다. 더구나 동료가 낭독하는 시를 들을 때, 수강생들은 모두 귀를 기울이며 마음을 가라앉혔습니다. 평소의 수다와는 다른 차원의 마음가짐으로 그 시를 대하는 겁니다.

단 몇 행의 언어는 때때로 백만 단어보다도 강한 말로 상대의 가슴에 닿습니다. 함께 평가하는 가운데 그들은 서로 닿았다는 감정을 실제로 느끼는 것입니다. 그러한 신성한 시간, 평온하고 정신적인 시간을 평소 우리들은 너무도 잊고 살아왔습니다.

나 또한 시를 쓰는 사람인데도 언제부턴가 시의 언어를 믿지 못했던 것 같습니다. 시를 시인이라는 사람들이 가지고 노는 고급 장난감쯤으로 생각했던 시절마저 있었고요.

하지만 이 교실을 통해 나는 '시의 힘'을 알게 되었습니다. 지금까지 시 따위와는 아무 관계도 없었던 그들의 마음속에서 나오는 언어, 그것이 어떻게 사람과 사람을 이어 주고, 사람을 변화시키고, 마음을 성장시키는지 눈앞에서 목도하게 되었습니다. 그것은 일상의 언어와는 확연하게 다릅니다. 시 같은지 아닌지 따위 관계가 없습니다. 잘 썼는지 못 썼는지가 아니기 때문이죠. '시'라고 생각하고 쓴 단어가 그곳에 존재하고, 그것을 모두가 공유하는 '자리'를 가졌던 것뿐인데, 그것은 진짜 시가 되어 깊은 교류가 일어난 것입니다.

중요한 것은 이 부분이에요. 단어의 표면이 아니라, 그 속에 있는 마음에 조용히 귀를 기울이는 것. 시가 진정한 힘을 발휘할 수 있는 것은, 실은 책 속에서가 아니라 그러한 '자리'에 있기 때문은 아닐까 싶은 생각마저 들었습니다.

SST와 마찬가지로 전국의 초등학교와 중학교에서 이러한 시의 시간을 갖는다면 얼마나 좋을까요? 시인이 쓴 훌륭한 시를 읽는 것만이 공부가 아닙니다. 바로 옆에 있는 친구 마음의 소리에 귀를 기울이고 서로 이야기 나누는 시간을 갖는 것. 그것이 가능하다면 아이들의 세계는 얼마나 풍부해질까요?

이 시집은 전반이 〈사회성 함양 프로그램〉의 〈이야기 교실〉에서 태어난 작품, 후반은 '어머니'를 테마로 수형자들이 쓴 작품입니다. 살아 숨쉬는 단어를 오히려 활자로 책에 가두어 버린 탓에 그 마음들이 얼마나 전해질까 염려가 됩니다. 다만 이러한 언어를 공유한 자리가 있었다는 것을 떠올려 주었으면 합니다.

사람은 변할 수 있다

2010년판 『범죄백서』에 의하면, 일본 형무소에 수용되어 있는 사람의 55% 정도가 재범자라고 합니다. 형무소가 교정 시설로 제 기능을 다하여 모든 사람이 온전히 변화되어 사회로 돌아간다면, 세상 범죄의 반 이상은 없어진다는 계산이 나옵니다. 수형자의 갱생이야말로 우리 사회를 지키는 일로 이어지지 않을까 하는 생각이 듭니다.

나라 소년형무소에는 현재 700명 정도가 수용되어 있습니다. 그들은 모두 범죄 성향이 진행되지 않은 젊은 세대로, 입소 시의 연령은 17세 미만입니다. 이곳에서 그들이 재교육을 받고 한 사람도 형무소에 돌아오지 않는다면, 일본의 형무소는 텅텅 비게 되겠죠.

범죄 그 자체는 미워해야 마땅합니다. 피해자의 원통함과 그 가족의 마음의 상처는 다 헤아릴 수도 없습니다. 아무리 갚고자 해도 다 갚을 수 있는 수준도 아니고요. 가해자는 평생 그 무게를 짊어지고 살아가지 않으면 안 됩니다. 범죄를 저지르는 것은 개인입니다. 그 개인에게 책임을 돌려주어야만 하지요.

그러나 사회가 범죄자를 만들고 있는 것도 사실입니다. 우리들은 그 사실을 항상 기억해야 합니다. 범죄자를 만들지 않는 사회가 되지 않는 한, 범죄 없는 안전한 사회는 실현될 수 없습니다.

〈사회성 함양 프로그램〉은 나에게 시의 힘을 알게 해 주었고, 동시에 '사람은 변할 수 있다'는 진실에 믿음을 주었습니

163

다. 인간을 믿는 힘을 가르쳐 준 나라 소년형무소의 수형자들과 선생님들께 감사드리고 싶습니다.

형무소는 집이나 학교, 지역사회, 사회복지의 모든 안전망에서 놓쳐 버린 사람들이 만나는 최후의 안전망입니다. 그들은 이곳에서 갱생의 기회를 부여받고 있습니다. 나라 소년형무소에서는 〈사회성 함양 프로그램〉, 〈폭력 회피 프로그램〉, 〈성범죄 재발 방지 지도 프로그램〉 등 최신의 연구 성과를 도입한 갱생 교육이 시도되고 있습니다. 또한 교회사·면접위원 등 마음을 보살피는 사람들, 미장·이발·목공 등 직업 훈련을 위한 지도자들, 많은 일반인 자원봉사자들 등 여러 형태로 많은 이들이 수형자의 갱생에 협력하고 있습니다.

그러나 진정한 의미의 갱생이 시작되는 것은 사회에 돌아가서부터일 것입니다. 여러 조직들이 있어 수형자를 지지해 주는 사람들이 많습니다. 하지만 일반사회에서는 아직까지 터부시되는 경향이 있음은 부정할 수 없습니다.

이 시집이 일반사회의 모든 사람들에게 형무소의 교정 교육과 수형자 이해에 도움이 되고, 더 많은 이해와 공감을 이끌어 내는 데 보탬이 되었으면 합니다. 끝으로 세상밖으로 나가는 우리의 어린 수형자들이 다시는 담 안으로 돌아오지 않기를 기원해 봅니다.

〈이야기 교실〉의 사용 교재

『꼬마 늑대가 달려와서』

『도토리 대회』

『별의 회전목마』

『멋지고 멋진 애플파이』

『마도 미치오 시집』

『가네코 미스즈 동화집』

맺음말

〈사회성 함양 프로그램〉 제7기의 마지막 수업을 끝내고 교관들과 함께 교실에 들어간 날이었습니다. 현기증이 나는가 싶을 정도로 느리게 대지가 흔들리기 시작했고, 그런 흔들림이 5분 정도 계속되었습니다. 둘러보니 형무소 운동장의 포플러 나무들이 일제히 좌우로 휘청거리고 있었지요. 다행히 메이지 시대 건축의 견고한 형무소는 조금의 손상도 없었습니다. 어딘가 먼 곳에서 강도 높은 지진이 있었구나 싶었는데, 설마 그 진원지가 산리쿠오키일 줄이야…. 동일본대지진의 피해에 이어진 원전 폭발사고, 어떤 말도 할 수 없을 정도의 충격이었습니다.

그 수일 후 시 잡지《시요우(紫陽)》를 받은 X군에게 기분 좋은 전언이 도착했습니다. 그는 시 잡지에 자신의 시가 활자로 올라와 있는 것에 놀라면서도 '쓰길 잘했다'고 몇 번이고 마음속으로 되뇌었다고 합니다.

"지금까지 뭐든 끝까지 해내지 못하고 하고 싶은 일도 없었지만, 한 가지 하고 싶은 일을 발견했습니다. 그것은 시를 계속 쓰는 일입니다."

기쁜 마음에 눈물이 번졌습니다. 그는 지금도 시를 쓰고 있다고 합니다. 쉬는 날에는 다섯 편이고 여섯 편이고 시를 쓴다고 합니다. 언젠가 꼭 읽고 싶습니다.

전언의 마지막에는 이런 말도 있었습니다.

"밖에서는 큰일이 많네요…. 매일 뉴스를 보고 있어서 압니다. 이쪽은 세 끼 꼬박 먹고 있는데, 밖에서는 주먹밥 하나로 견디고 있다니, 이래도 되나 싶은 생각이 들었습니다. 아무것도 할 수 없는 안타까움만이 남습니다."

그 또한 지진 피해에 마음이 아프고 재해 지역의 복구를 바라는 한 사람인 겁니다.

희생당한 분들의 명복을 빌며, 피해자 분들의 심신이 평안해지기를 기원합니다.

2011년 4월 11일

하늘이 파래서 흰색을 골랐습니다

초판 1쇄 인쇄 | 2020년 10월 22일
초판 1쇄 발행 | 2020년 10월 28일

엮은이 | 료 미치코
옮긴이 | 박진희
펴낸곳 | 호메로스

전화 | 031-913-0650
팩스 | 02-6455-0285
이메일 | zakyahoo@naver.com

ISBN 979-11-90872-05-8 (03190)

• 호메로스는 리즈앤북의 브랜드입니다
• 값은 뒤표지에 있습니다.
• 파본은 구입하신 서점에서 교환해드립니다.